Seeräuber Wackelzahn - Das Liederbuch -

26 Kinderliederhits + Mitmachlieder

Das Liederbuch mit allen Texten, Noten und Gitarrengriffen zum Mitsingen und Mitspielen

Neue Kinderlieder von Stephen Janetzko

Copyright © 2016 Verlag Stephen Janetzko, Erlangen
www.kinderliederhits.de
Alle Lieder verlegt bei Edition SEEBÄR- Musik Stephen Janetzko, Erlangen
Online-Shop im Internet unter **www.kinderlieder-shop.de**
Coverzeichnung: Ines Rarisch - Covergrafik: Stephen Janetzko
Notensatz, grafische Vorbereitung und Idee: Stephen Janetzko
All rights reserved.

ISBN-10: 3957222400
ISBN-13: 978-3-95722-240-4

Alle Rechte vorbehalten.
Dieses Werk ist urheberrechtlich geschützt. Jegliche Vervielfältigung und Verwertung ist nur mit Zustimmung der Autoren bzw. des Verlags zulässig. Das gilt insbesondere für Übersetzungen, die Einspeicherung und Verarbeitung in elektronischen Systemen sowie für das öffentliche Zugänglichmachen wie zum Beispiel über das Internet. Ein Nachdruck oder eine Weiterverwertung ist nur mit schriftlicher Genehmigung des Verlags möglich.
© Verlag Stephen Janetzko, **www.kinderliederhits.de**

Inhaltsverzeichnis

Lied:	Seitenzahl:
Seeräuber Wackelzahn	3
Hits für Kids	4
Ein supergrünes Osterei (Kulumbubu 2)	5
Auto Auto	6
Eine Karawane	7
Joe der Astronaut	8
Hix-hex, Hexe (Heut ist die Walpurgisnacht)	9
Kleine Wolke	10
Ich spiel Gespenst	11
Dragan der Drache	12
Hand in Hand	13
Ein Elefant im Zoo	14
UFO ohne Klo (Kulumbubu 1)	15
Max der kleine Zauberhund	16
In unserm Kindergarten (Neue Version)	17
In our Kindergarden (Kindergarden-Song) **(English version)**	*18*
Dans notre jardin d´enfants **(Version française)**	*19*
Das Lied von der Raupe Nimmersatt	20
Mein Name ist Alexander (Lied von den Namen)	22
Heut gehn wir raus (Becherlupen-Lied)	23
Benny Banane	24
Kleine süße Elfe (Das Elfenlied)	25
Stark wie ein Baum	26
Hey, hört mal zu	27
Der Seebär	28
Hi-Ha-Halloween	29
Brenn, Laterne	30
Der Bauer auf dem Traktor	31

Die CD zum Buch:
Doppel-CD Seeräuber Wackelzahn
2 CDs - 40 Lieder - 26 Kinderlieder-Hits + Mitmachlieder ab 4 J.
Plus 14 Playbacks
von & mit Stephen Janetzko

Best.-Nr. 91033-33,
ISBN 978-3-932455-83-4

Seeräuber Wackelzahn

Text und Musik: Stephen Janetzko; CD "Sommer"
© Edition SEEBÄR-Musik Stephen Janetzko, www.kinderliederhits.de

Tempo: ca. 190

1. See-räu-ber Wa-ckel-zahn fuhr ü-bern O-ze-an,
auf sei-nem gro-ßen Schiff durch das Ko-ral-len-riff.
Er war ein gro-ßer Held, fuhr um die gan-ze Welt,
trotz dem Pi-ra-ten-hut: Im Her-zen war er gut.

Refrain: He-ja ho-ho-ho, See-räu-ber tan-zen froh!
He-ja, he-he-he, hoch ist die See!

2. Seeräuber Wackelzahn hatte wohl vierzig Mann
und einen Totenkopf - der hatte keinen Zopf!
Kam mal ein Schiff vorbei, gab es gleich Keilerei.
Gut war die Stimmung stets, warn sie erst unterwegs.
Refrain.

3. Wackelzahn war sehr schlau, der hatte eine Frau:
Seeräuberbraut Marie, keine war schön wie sie!
Diese Piratenbraut hatte sein Herz geklaut.
Mit ihr an jedem Tag waren sie doppelt stark.
Refrain.

4. Im großen Ozean fanden die vierzig Mann
Mit ziemlich viel Rabbatz einen Piratenschatz.
Goldstücke sind so schwer, drum schenkten sie sie her.
Nur von dem letzten Rest gabs ein Piratenfest.
Refrain.

Spielanregung:
In den Strophen folgen wir mit der Gestik dem Text. Den Refrain begleiten wir wie folgt:
Heja ho-ho-ho -> beide Arme nach oben in die Luft strecken und auf "ho-ho-ho" 3x über dem Kopf klatschen.
Seeräuber tanzen froh -> mit in die Hüften gestemmten Armen 1x im Kreis tanzen.
Heja he-he-he -> Auf "he-he-he" 3x auf die Oberschenkel klatschen.
hoch ist die See -> nochmal nach oben strecken und in die Luft springen, so dass wir auf "See" gemeinsam aufkommen.

Hits für Kids

Text: K. Bucher; Musik: Stephen Janetzko; CD "Seeräuber Wackelzahn"
© Edition SEEBÄR-Musik Stephen Janetzko, www.kinderliederhits.de

Tempo: ca. 180

2. Hallo, Kids, das ist echt cool, wenn wir alle singen!
Jeder trommelt auf `nem Stuhl, humba, das wird klingen!
Hallo, Kids, das klappt tip top, wenn wir hüpfen, springen!
Wenn's zu bunt wird, sag ich stop! Ab geht's im Galopp!

Refrain: Hits für Kids...

3. Hallo, Kids, macht alle mit! Stampft laut auf den Boden!
Ab die Post im Sauseschritt, gleich wird abgehoben!
Hallo, Kids, ja das macht fit! Heut könnt ihr mal toben!
Let's go, so geht dieser Hit! Alle singen mit!

Refrain: Hits für Kids...

Ein supergrünes Osterei
(Kulumbubu 2 oder: Weltraumostern)

Text: Thomas Pletzinger (11 Jahre); Musik: Stephen Janetzko; CD "Seeräuber Wackelzahn"
Tempo: ca. 162   © Edition SEEBÄR-Musik Stephen Janetzko, www.kinderliederhits.de

Refrain: Ein supergrünes Osterei...

2. Kulumbubu, der lachte sich ganz tot. Er wurde dabei total kriwillirot
Er reichte mir den Hit: Das Krawullafillikullatrimmdichfit.

Refrain: Ein supergrünes Osterei...

3. Ich nahm auf dem Trimmdichfit gleich Platz. Kulumbubu hatte einen großen Spaß
So trimmte ich mich fit. Mit Krawullafillikullatrimmdichfit.

Refrain: Ein supergrünes Osterei...

Auto Auto

Text und Musik: Stephen Janetzko; CD "Seeräuber Wackelzahn"
© Edition SEEBÄR-Musik Stephen Janetzko, www.kinderliederhits.de

Tempo: ca. 140

1. Schon als ich ein Baby war, (was seh ich da?),
fand ich es ganz wunderbar, (was seh ich da?).
So ein starkes Blechgestell (was seh ich da?),
mit vier Rädern, ziemlich schnell (was seh ich da?).

Refrain: Es gibt rote und auch grüne, blaue, gelbe, wunderschöne.
Es gibt große und auch kleine, ich will eins für mich alleine:
Auto Auto, Auto Auto, Auto Auto, Auto Auto.
Wenn ich durch die Straßen fahr, was seh ich da? Auto Auto, Auto Auto.

2. Auf der Straße, sonnenklar (was seh ich da?), Januar und Februar (was seh ich da?).
Jeden Monat, jeden Tag (was seh ich da?), und bei allen, die ich mag (was seh ich da?).

Refrain: Es gibt rote...

3. Morgens aus dem Fenster schaun (was seh ich da?). Neben unserm Gartenzaun (was seh ich da?)
und in der Garage drin (was seh ich da?). Überall, wo ich auch bin (was seh ich da?).

4. Frisch gewaschen und lackiert (was seh ich da?); mal mit Fliegendreck beschmiert (was seh ich da?).
Angeschnallt im Kindersitz (was seh ich da?), geht es ab so wie der Blitz (was seh ich da?).

Refrain: Es gibt rote...

5. Wenn ich in die Gegend seh (was seh ich da?), wenn ich vor der Schule steh (was seh ich da?).
Gibt es Regen in der Stadt (was seh ich da?), ist es trocken oder glatt (was seh ich da?).

6. Sommer, Winter, ganz egal (was seh ich da?). Badehose oder Schal (was seh ich da?).
Vor der Ampel und im Stau (was seh ich da?). Mädchen, Junge, Mann und Frau (was seh ich da?).

Refrain: Es gibt rote...

Eine Karawane

Text: K. Bucher; Musik: Stephen Janetzko; CD "Seeräuber Wackelzahn"
© Edition SEEBÄR-Musik Stephen Janetzko, www.kinderliederhits.de

Tempo: ca. 200

2. Eine Karawane lauscht dem Wüstenwind. Alle Trampeltiere laufen jetzt geschwind.
Schnelle Reiter jagen wie im Flug daher. Hinter hohen Bergen rauscht das Rote Meer!
Uh-akka-du! Ei-leilei-lei! Uh-akka-du! Ei-leilei-lei!
Uh-akka-du! Ei-leilei-lei! Uh-akka-du! Ei-leilei-lei!

3. Eine Karawane trottet durch die Nacht. Wilde Pferde wiehern, die Hyäne lacht.
Dunkle Wolken ziehen fern am Horizont. Über weißen Zelten scheint der Silbermond.
Uh-akka-du! Ei-leilei-lei! Uh-akka-du! Ei-leilei-lei!
Uh-akka-du! Ei-leilei-lei! Uh-akka-du! Ei-leilei-lei!

4. Eine Karawane kommt in eine Stadt, die ein Schloß in Wolken mit neun Türmen hat.
Gold und Silber-Schätze teilt der Sultan aus. Er lädt Beduinen ein zum Festtagsschmaus.
Uh-akka-du! Ei-leilei-lei! Uh-akka-du! Ei-leilei-lei!
Uh-akka-du! Ei-leilei-lei! Uh-akka-du! Ei-leilei-lei!

5. Ein Karawane muss jetzt wieder fort zu den Pyramiden, bis zum fernsten Ort.
Weit zu fremden Ländern, die nicht jeder kennt, zieht die Karawane durch den Orient.
Uh-akka-du! Ei-leilei-lei! Uh-akka-du! Ei-leilei-lei!
Uh-akka-du! Ei-leilei-lei! Uh-akka-du! Ei-leilei-lei!

Spielanregung:
Hier bietet sich natürlich eine lange Karawane zum Mitspielen an,
die auch als Polonäse durchgeführt werden kann.
Die "Uh-akka-du!" singen z.B. die Männer/Jungs (tiefe Stimmen).
Die "Ei-leilei-lei!" singen die z.B. Frauen/Mädchen (hohe Stimmen).

Joe, der Astronaut

Text und Musik: Stephen Janetzko; CD "Seeräuber Wackelzahn"
© Edition SEEBÄR-Musik Stephen Janetzko, www.kinderliederhits.de

Tempo: ca. 160

Refrain: Joe, der Astronaut, der hat sich was getraut. Der fliegt zum Mond und wieder her, das fällt ihm gar nicht schwer.

1. Joe liebt alle Kinder, hat keinen Zylinder, dafür einen Weltraumhut, der steht ihm ziemlich gut. Hunderttausend Sterne, Joe hat alle gerne. Er fliegt um die ganze Welt, durchbricht das Himmelszelt.

Refrain: Joe der Astronaut...

2. Joe fliegt oft alleine, sammelt Weltraumsteine,
schaut sich gern die Erde an und fängt zu tanzen an.
Und in der Rakete gibt's 'ne Riesenfete -
schwerelos durch Raum und Zeit und niemand weit und breit.

Refrain: Joe der Astronaut...

3. Wenn er unterwegs ist oder einen Keks isst,
träumt er, das weiß ich genau, von einer Sternenfrau.
Trifft er dann den Mondmann, der sich grade schont, dann
trinken sie ne Tasse Tee, denn auf dem Mond liegt Schnee!

Refrain: Joe der Astronaut...

4. Manchmal muss Joe grübeln, wer will's ihm verübeln?
Denn er ist allein gestellt in dieser großen Welt.
Schaut er aus dem Fenster, schwinden die Gespenster.
Lachen kann er laut und froh. Ja, das ist unser Joe!

Refrain: Joe der Astronaut...

Hix-Hex, Hexe (Heut ist die Walpurgisnacht)

Text: K. Bucher; Musik: Stephen Janetzko; CD "Stark wie ein Baum"
© Edition SEEBÄR-Musik Stephen Janetzko, www.kinderliederhits.de

Tempo: ca. 120

Hix-Hex! Heut ist die Wal-pur-gis-nacht, flugs, die He-xen-be-sen

her-ge-bracht. Ein Feu-er wird ent-facht, und al-les singt und lacht.

Hix-Hex! Heut ist die Wal-pur-gis-nacht. (Hexe spricht:) A-bra-ka-da-bra!

Eins, zwei, drei. Hix - Hex! Hix - Hex, He - xe - rei!

2. Hix-Hex! Hexe, sing das Hexenlied.
   Sing, dann singen alle Hexen mit.
   Sing laut beim Besenritt, auf geht´s im Sauseschritt.
   Hix-Hex! Hexe, sing das Hexenlied.
Hexe spricht: Abrakadabra! Vier, fünf, sechs!
Hix-Hex! Hix-Hex! Hix-Hex, Hex!

3. Hix-Hex! Hexe, hüpf auf einem Bein.
   Hüpf, so hoch du kannst, denn Spaß muss sein.
   Hüpf über Stock und Stein und mach dich klitze-klein.
   Hix-Hex! Hexe, hüpf auf einem Bein.
Hexe spricht: Abrakadabra! Siebn, acht, neun!
Hix-Hex! Hix-Hex! Zauberein!

4. Hix-Hex! Hexe, tanz im Kreis herum.
   Tanz, die Trommel trommelt, fidibumm!
   Tanz wild und dreh dich um, ganz laut mit viel Gebrumm!
   Hix-Hex! Hexe, tanz im Kreis herum.
Hexe spricht: Abrakadabra! Zehn, elf, zwölf!
Hix-Hex! Hix-Hex! Heulen Wölf!

5. Hix-Hex! Hexe, flieg weit durch die Nacht.
   Flieg, denn alle Hexen sind erwacht!
   Flieg, weil es Freude macht, flieg, dass es zischt und kracht.
   Hix-Hex! Hexe, flieg weit durch die Nacht.
Hexe spricht: Abrakadabra! Fidibus!
Hix-Hex! Hix-Hex! Jetzt ist Schluss!*

*Hinweis: Alle Zwischenteile werden gesprochen, gerufen
oder geheimnisvoll geflüstert!

Kleine Wolke

Text: Mathias R. Schmidt; Musik: Stephen Janetzko; CD "Sommer"
© Edition SEEBÄR-Musik Stephen Janetzko, www.kinderliederhits.de

2. Die Rosen lächeln, staunen sehr, hat man das je gesehn?
Der Schmetterling fliegt einfach mit, lässt seinen Nektar stehn.
Der Baum winkt einen Abschiedsgruß, das Gänseblümchen weint,
und Max, der Pudel, bellt wie wild, doch er ist angeleint.

Refrain: Kleine Wolke...

Bridge (auf A-Dur bleiben/gesprochen):
Abflugzeit, ich bin bereit! Wir heben ab! Wir schweben!
Es lebe das Leben!!

Refrain: Kleine Wolke...

Ich spiel Gespenst

Text: Bernd Kreissl; Musik: Stephen Janetzko; CD "Herbst, Halloween & Laterne"
© Edition SEEBÄR-Musik Stephen Janetzko, www.kinderliederhits.de

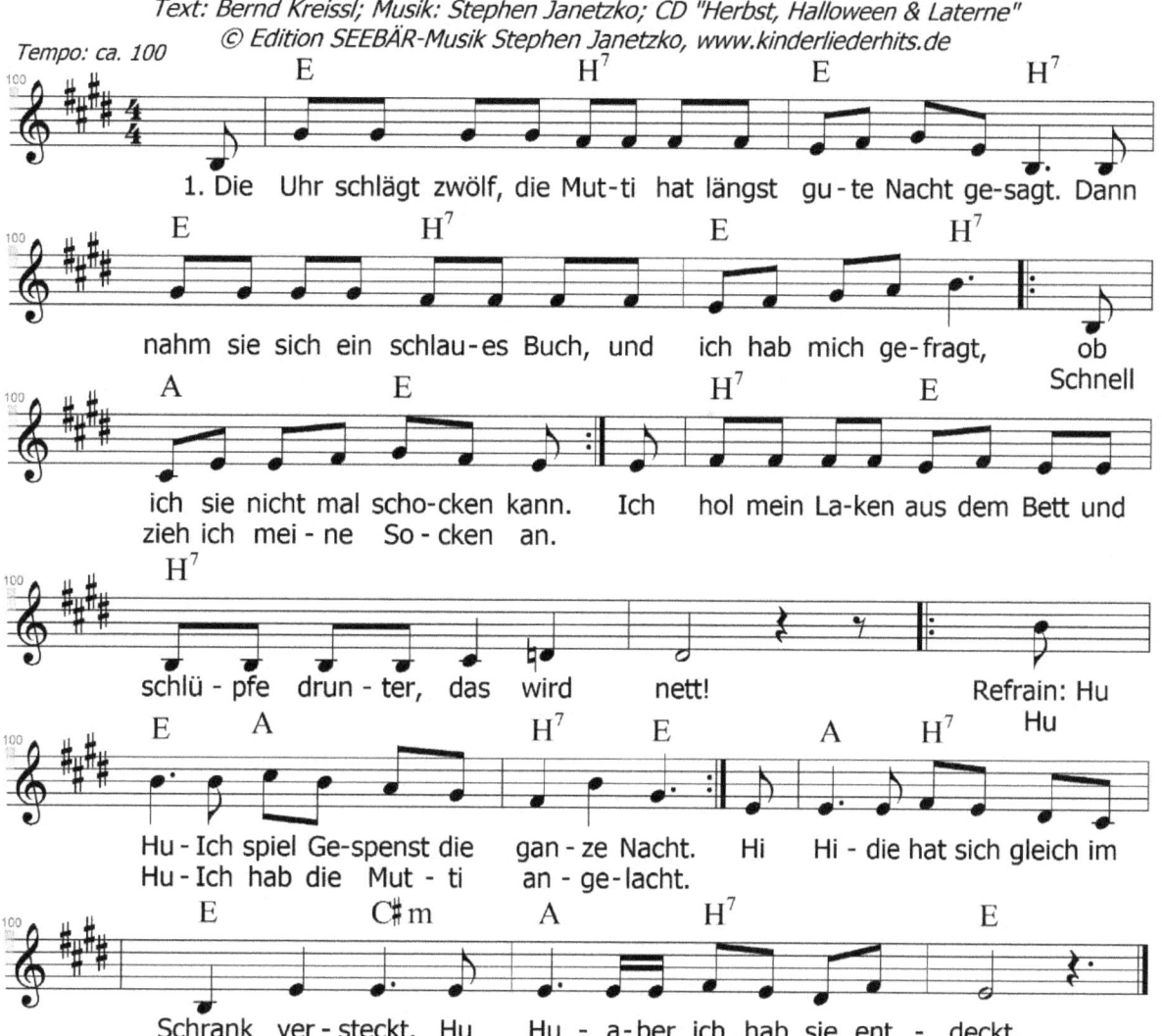

1. Die Uhr schlägt zwölf, die Mutti hat längst gute Nacht gesagt. Dann nahm sie sich ein schlaues Buch, und ich hab mich gefragt, ob ich sie nicht mal schocken kann. Ich hol mein Laken aus dem Bett und schlüpfe drunter, das wird nett!

Refrain: Hu Hu - Ich spiel Gespenst die ganze Nacht. Hu Hu - Ich hab die Mutti angelacht.
Hi Hi - die hat sich gleich im Schrank versteckt. Hu Hu - aber ich hab sie entdeckt.

2. Ich schleiche mich, weil ein Gespenst ja so schnell Hunger kriegt,
zum Kühlschrank in die Küche rein, da, wo die Katze liegt.
Die schlägt auch schon die Augen auf, dann rennt sie weg im Dauerlauf.
Und ich nehm mir ein Hühnerbein und ess es auf im Mondenschein.

Refrain: Hu Hu - Ich spiel Gespenst die ganze Nacht. Hu Hu - Ich hab die Katze angelacht.
Hi Hi - die hat sich schnell im Flur versteckt. Hu Hu - aber ich hab sie entdeckt.

3. Dann gehe ich mit der Verkleidung in den Garten raus
und steige rüber übern Zaun, denn da steht Müllers Haus.
Ich klettre durch ein Fenster rein und schreie wie Gespenster schrein.
Die Kinder bibbern und ich lach - und schon sind auch die Eltern wach.

Refrain: Hu Hu - ich spiel Gespenst die ganze Nacht. Hu Hu - ich hab die Müllers angelacht.
Hi Hi - die haben sich im Bad versteckt - Hu Hu - aber ich hab sie entdeckt.

4. Und wie ich grad so überleg, wen ich heut noch erschreck,
da reißt mir ruck-zuck irgendwer mein weißes Laken weg.
Ich dreh mich um und hinter mir steht ein Gespenst - was will das hier?
Doch grad als ich mich fürchten will, nimmt es mich in den Arm ganz still.

Refrain: Hu Hu - so ein Gespenst spät in der Nacht. Hu Hu - das hat mir keine Angst gemacht.
Hi Hi - denn ich hab doch sofort entdeckt, hu hu - dass mein Papa drunter steckt.
Hu Hu - Gespenst sein, das macht großen Spaß. Hu Hu - wir schleichen durch das hohe Gras.
Hi Hi - und tanzen wie´s Gespenster tun. Hu Hu - ohne Rast und auszuruhn.

Dragan, der Drache

Text: Jürgen Lepszy/Stephen Janetzko; Musik: Stephen Janetzko; CD "Seeräuber Wackelzahn"
© Edition SEEBÄR-Musik Stephen Janetzko, www.kinderliederhits.de

1. Es ging einmal ein Drache wohl durch ein grünes Tal.
Er hatte lang geschlafen, schon mehr als hundert Jahr.
Dragan hieß der Drache, kam aus 'nem fremden Land.
Er wollte sich mal umsehn, hat vieles nicht gekannt.

Refrain: Dragan Drache, sing ein Lied, la-la-la-la-la.
Und wart ab, was noch geschieht, la-la-la-la-la.
Und wart ab, was noch geschieht, la-la-la-la-la.
Dragan Drache, keine Angst! Dragan Drache, keine Angst!

2. Die Menschen die ihn sahen, die sind schnell weggerannt.
Was für ein Ungeheuer läuft hier durch unser Land?
Dragan war erschrocken, hat laut im Wald geweint.
Der König aber hielt ihn für aller Menschen Feind.

Refrain: Dragan Drache, sing ein Lied...

3. Der König jagte Dragan; als der sich legt zur Ruh,
da schnappt des Königs Falle ganz unvermittelt zu.
Dragan war gefangen, und wusste nicht warum.
Er spuckte wütend Feuer und sprang wie wild herum.

Refrain: Dragan Drache, sing ein Lied...

4. So schmelzte er die Fesseln mit heißer Feuerskraft
und konnte sich befreien, er hatte es geschafft.
Dragan griff den König, dem war jetzt angst und bang,
dann fragte er ihn traurig: "Was hab ich Euch getan?"

5. Der König sagt zu Dragan: "Wir hatten Angst vor Dir!
Jetzt weiß ich, dass du nett bist, nicht nur ein wildes Tier!"
Dann versprach er Dragan: "Wir können Freunde sein
Ich nehm Dich mit nach Hause, sollst nie alleine sein."

Refrain: Dragan Drache, sing ein Lied...

Hand in Hand

Text und Musik: Stephen Janetzko; CD "Kindertanz - beweg dich ganz!"
© Edition SEEBÄR-Musik Stephen Janetzko, www.kinderliederhits.de

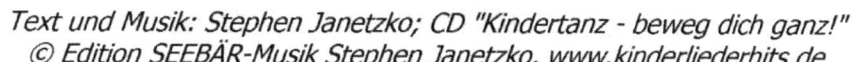

1. Schau dich mal um auf dieser Erde, so viele Menschen gibt es hier.
Ich denk, wir leben alle gerne. Dass das so bleibt, das wünsch ich mir.
Was auch die Farbe deiner Haut ist, ob schwarz, ob weiß, ob gelb, ob rot.
Sag, wie das Land heißt, wo du herkommst. Gibt es dort Reichtum oder Not?

Refrain: Hand in Hand - wird es gehn, weil wir uns so gut verstehn.
Hand in Hand - wird es gehn, weil wir uns so gut verstehn.

2. Bist du ein Türke oder Deutscher? Kommst du vielleicht aus Portugal?
Glaubst du, ein Gott hat uns erschaffen? Das ist letztendlich doch egal!
Sprichst du Französisch oder Polnisch? Bist du schon alt oder ein Kind?
Lebst du von Obst oder Getreide? Schön ist, wenn alle glücklich sind.

3. Manchmal, da seh ich welche streiten, Wieso, weshalb, versteh ich nicht!
Wir sollten miteinander teilen - Tragt in die Dunkelheit ein Licht!
Kommst du aus Westen oder Osten? Und trägst du Kopftuch oder Hut?
Bist du ein Junge oder Mädchen? Ich finde alle Menschen gut!

4. Bist du ein Bäcker oder Maler? Bist Träumer oder Realist?
Ein Jeder kann dem Andern helfen, Auch wenn es noch so wenig ist.
Wir Menschen sollten uns vertragen Und alle Tiere, groß und klein!
Zusammen geht doch alles leichter - Und alle wollen Freunde sein!

Ein Elefant im Zoo
(Lied vom gefangenen Elefanten)

Text: Siegfried Schüller; Musik: Stephen Janetzko; CD "Hand in Hand" & "Seeräuber Wackelzahn"
© Edition SEEBÄR-Musik Stephen Janetzko, www.kinderliederhits.de

1. Ein Elefant im Zoo... wird seines Lebens nicht mehr froh... Er sehnt sich nach dem Heimatland, nach einem Bad am Kongostrand - doch das Gitter ist hoch und der Graben breit, und Afrika ist weit...
Refrain: Heya heya heya hey. Heya heya heya hey.

2. Ein Elefant im Zoo... liegt ganz traurig auf dem Stroh... Am Kongo ließ er Frau und Kind, wer weiß, wo sie geblieben sind - Dann schläft er ein und träumt, er käme hier raus. Und er träumt, er flög nach Haus...
Refrain: Heya heya heya hey. Heya heya heya hey.

3. Der Elefant steht auf... und stellt die Ohren in den Wind...
Er bringt die schweren Bein´ auf Trab, schon hebt die Rüsselspitze ab
- wie ein Ballon steigt er geschwind übers Gefängnisdach,
und er fliegt den Schwalben nach...

4. Der Elefant ist frei... ist seine Ketten endlich los...
Von fern riecht er den Urwald schon, bald ist er daheim bei Frau und Sohn
- wo die Kongowellen glitzern, setzt er zur Landung an,
doch im Busch gibt`s keine Landebahn...

5. Der Elefant ist tot... und als beim ersten Morgenrot...
der Wärter nach den Tieren sieht, der Elefant schon lang im Graben liegt
- ein Stoßzahn ist gebrochen, der Kopf liegt leblos da,
doch seine Seele ist in Afrika.

Hinweis: Melodie der Strophen 3. bis 5. in etwa wie 2.,
bitte Harmonien der 2. Strophe folgen

Kulumbubu (UFO ohne Klo)

Text: Thomas Pletzinger (11 Jahre); Musik: Stephen Janetzko; CD "Seeräuber Wackelzahn"
Tempo: ca. 135 © Edition SEEBÄR-Musik Stephen Janetzko, www.kinderliederhits.de

1. Er kam von fern, von einem andern Stern. Mit seinem Ufo, U-F-O, ohne Klo. Er landete hier zwischen dir und mir. Mit seinem Ufo, U-F-O, ohne Klo.

Refrain: Kulumbubu, so heißt du, du bist klein und grün, kannst durch fünf Augen sehn. Du kommst vom Mars, ex pene saas, mit deiner Untertass' aus Glas.

2. Ja, sie war klasse, seine Tasse,
   sein rotes Ufo, U-F-O, ohne Klo.
   40 Zentimeter groß, sitzt er auf meinem Schoß.
   Du hältst das Ufo, U-F-O, ohne Klo.

Refrain: Kulumbubu, so heißt du ...

3. Er sagt: "Klaapedeen, ich-muß-jetzt-gehn!",
   steigt in sein Ufo, U-F-O, ohne Klo.
   So flog er fort, von diesem Ort,
   mit seinem Ufo, U-F-O, ohne Klo.

Refrain: Kulumbubu, so heißt du ...

Max der kleine Zauberhund

Text und Musik: Stephen Janetzko; CD "Fußball-Lieder für Kinder"
© Edition SEEBÄR-Musik Stephen Janetzko, www.kinderliederhits.de

Refrain: Max, der kleine Zauberhund, der bellt (wau, wau!) und dreht sich rund.
dreht sich rund. Die Pfoten hebt er mit Genuss, dann ruft er: Hokus fidibus!
Was kommt jetzt? 1. Alle Kinder springen hoch, springen hoch, springen hoch.
Alle Kinder springen hoch, springen, springen hoch. hoch-Stopp!

2. Alle Kinder klatschen jetzt, klatschen jetzt, klatschen jetzt.
Alle Kinder klatschen jetzt, klatschen, klatschen jetzt... (Refrain)

3. Alle Kinder stampfen fest, stampfen fest, stampfen fest.
Alle Kinder stampfen fest, stampfen, stampfen fest... (Refrain)

4. Alle Kinder tanzen wild, tanzen wild, tanzen wild.
Alle Kinder tanzen wild, tanzen, tanzen wild... (Refrain)

5. Alle Kinder drehen sich, drehen sich, drehen sich.
Alle Kinder drehen sich, drehen, drehen sich... (Refrain)

6. Alle Kinder fliegen weit, fliegen weit, fliegen weit.
Alle Kinder fliegen weit, fliegen, fliegen weit... (Refrain)

7. Alle Kinder reiten schnell, reiten schnell, reiten schnell.
Alle Kinder reiten schnell, reiten, reiten schnell... (Refrain)

8. Alle Kinder schlafen ein, schlafen ein, schlafen ein.
Alle Kinder schlafen ein, schlafen, schlafen ein... - Chrrr! (Refrain)

Weitere mögliche Strophen: Alle Kinder lachen laut, ...
alle Kinder flüstern leis, ... alle Kinder niesen mal, ... alle Kinder klettern steil, ...
alle Kinder tauchen tief, ... alle Kinder malen schön, ... alle Kinder bücken sich, ...
alle Kinder strecken sich, ... alle Kinder waschen sich, ... alle Kinder gehn aufs Klo, ...
alle Kinder gähnen müd, ... alle Kinder spiel'n Musik, ... (spieln Mu-, spieln Musik)
Spielanregung: Max der kleine Zauberhund macht, dass wir uns alle ausführlichst
bewegen können. Im Refrain gehen alle auf der Stelle, rufen laut "wau, wau!"
und drehen sich einmal um sich selbst. Danach heben wir beide Hände und rufen
"Hokus fidibus! Was kommt jetzt?" (dabei die Finger wie einen Zauberstab
halten und bewegen). Zu den Strophen machen dann alle die jeweiligen Bewegungen mit.
Auf das "Stopp!" am Ende bleiben dann alle stehen bzw. stellen sich wieder hin auf
ihren Platz, damit Max erneut zaubern kann. Zum Schluss schlafen alle ein
und schnarchen um die Wette. Die Strophen sind natürlich frei wählbar...
(Wenn es im Spiel einen Max gibt, so kann diese/r die nächste Aktion aussuchen).

In unserm Kindergarten
(Der Kindergarten-Song)

Text: Rolf Krenzer mit Stephen Janetzko; Musik: Stephen Janetzko; CD "Seeräuber Wackelzahn"
© Edition SEEBÄR-Musik Stephen Janetzko, www.kinderliederhits.de

Tempo: ca. 120

Refrain: In unserm Kindergarten...

2. Basteln wir, dann solltet ihr uns sehn!
Keiner bastelt so geschickt und schön!
Schenken es der Mama dann zum Schluss,
und wir bekommen einen dicken Kuss!
Und beim Malen erst, da gehn wir ran,
weil doch jeder von uns malen kann!
Manchmal gehen wir auch weit spazier'n.
Gebt acht, dass wir uns dabei nicht verlier'n!

Refrain: In unserm Kindergarten...

3. Immer wieder gibt's bei uns ein Fest,
dass ihr ja nicht unser Fest vergesst!
Jeder freut sich drauf, dabei zu sein.
Euch alle laden wir gern dazu ein!
Scheint die Sonne, laufen wir hinaus,
spielen auf der Wiese hinterm Haus.
Alle singen noch ein Lied zum Schluss,
weil auch der schönste Tag mal enden muss.

Refrain: In unserm Kindergarten...

In our Kindergarden
(Kindergarden-Song)

English Lyrics: Stephen Janetzko (Original German Lyrics: Rolf Krenzer and Stephen Janetzko)
Music: Stephen Janetzko; © Edition SEEBÄR-Musik Stephen Janetzko, www.kinderliederhits.de

Refrain: In our kindergarden...

2. Watch us using scissors and some glue,
making things, both beautiful and new.
Giving them to Mummy is sheer bliss,
she rewards us with a smacking kiss!
Every time we draw with paint and brush,
We forget the time and there´s no rush.
Sometimes we are taken on long walks,
listen to the way how nature talks.

Refrain: In our kindergarden...

3. Look! There is a party going on!
Lots of fun, so don´t forget to come!
Everyone´s invited, did you know?
Mummy, Daddy, do you like our show?
Running on the grounds on sunny days
makes me happy in so many ways.
Even if the day sometime will end:
Kindergarden´s my forever friend!

Refrain: In our kindergarden...

Dans notre jardin d'enfants
(In unserm Kindergarten NEU Version française)

Texte en Français: Stephen Janetzko (Traduction: Marie-Pierre Berton)
(Texte en Allemand: Rolf Krenzer et Stephen Janetzko); Musique: Stephen Janetzko
© Edition SEEBÄR-Musik Stephen Janetzko, www.kinderliederhits.de

CHORUS: Dans notre jardin d'enfants, dans notre jardin d'enfants, les tout petits et les grands, y'en aura pour chacun, on y mettra du sien et ce s'ra bien.

1. Au jardin d'enfants dès le matin,
je me dépêche, maman prend ma main,
le jardin d'enfants déjà m'attend,
car j'y passe très souvent du bon temps.
Des amis bien sûr j'en ai beaucoup,
tous les jours on s'amuse et on joue,
on y chante aussi fort qu'on le peut,
Mais avec vous ça serait bien mieux.

CHORUS: Dans notre jardin d'enfants...

2. Le bricolage, ça nous réussit,
Ciseaux, colle,... ça y est, on a fini,
On l'offre à maman, quel bonheur!
Et ça lui fait très très chaud au cœur.
Tous les jours, on fait des beaux dessins,
On en oublie le temps et c'est bien.
Avec la maîtresse, dans la nature,
On y court, profitant de l'air pur!

CHORUS: Dans notre jardin d'enfants...

3. De temps en temps nous faisons la fête,
Nous chantons, dansons, c'est super chouette,
Chacun se réjouit d'y aller,
Allez, venez, vous êtes invités,
Dès que le soleil se montre et brille,
nous jouons à la récré aux billes,
Nous faisons une ronde pour terminer,
Car même une belle journée doit s'achever.

CHORUS: Dans notre jardin d'enfants...

Das Lied von der Raupe Nimmersatt

Text und Musik: Stephen Janetzko (inspiriert von Eric Carle - "Die kleine Raupe Nimmersatt"); CD "Viele schöne neue Kinderlieder" © Edition SEEBÄR-Musik Stephen Janetzko, www.kinderliederhits.de

Refrain: Kleine Raupe Nimmersatt frisst sich durch ein grünes Blatt; ist geschlüpft aus einem Ei. Raupe, komm herbei!

1. Doch am Montag, Montag, Montag, weil sie großen Hunger hat, frisst sie sich durch einen Apfel und ist immer noch nicht satt und ist immer noch nicht satt.
Refrain: Kleine Raupe...

2. Doch am Dienstag, Dienstag, Dienstag, weil sie großen Hunger hat,
frisst sie sich dann durch zwei Birnen
und ist immer noch nicht satt und ist immer noch nicht satt.
Refrain: Kleine Raupe...

3. Doch am Mittwoch, Mittwoch, Mittwoch, weil sie großen Hunger hat,
frisst sie sich dann durch drei Pflaumen
und ist immer noch nicht satt und ist immer noch nicht satt.
Refrain: Kleine Raupe...

4. Doch am Donnerstag, Donnerstag, Donnerstag, weil sie ...

... großen Hunger hat,
frisst sie sich dann durch vier Erdbeern
und ist immer noch nicht satt und ist immer noch nicht satt.
Refrain: Kleine Raupe...

5. Doch am Freitag, Freitag, Freitag, weil sie großen Hunger hat,
frisst sie sich durch fünf Orangen
und ist immer noch nicht satt und ist immer noch nicht satt.
Refrain: Kleine Raupe...

6. Doch am Samstag, Samstag, Samstag,
weil sie großen Hunger hat, ...

... frisst sie sich durch Schokoladenkuchen, Eiswaffel,

sau-re Gur-ke, Schei-be Kä-se, ein Stück Wurst, ei-nen Lol-li,

Früch-te-brot, Würst-chen, Tört-chen, Me-lo-ne, und am ...

... Abend ist ihr schlecht, und am Abend ist ihr schlecht.
Refrain: Kleine Raupe...

7. Doch am Sonntag, Sonntag, Sonntag ist ihr gar nicht gut zumut´,
frisst sich durch ein grünes Blättchen.
Endlich geht's ihr wieder gut, endlich geht's ihr wieder gut.
Refrain: Kleine Raupe...

8. Und zwei Wochen, Wochen, Wochen bleibt sie dann in dem Kokon.
Endlich frisst sie sich nach draußen,
fliegt als Schmetterling davon, fliegt als Schmetterling davon.
Refrain: Kleine Raupe...

Zum Lied:
Wir lernen spielerisch mit der Raupe Nimmersatt die Wochentage kennen, die Zahlen von 1-5, verschiedene Lebensmittel sowie außerdem den natürlichen Entwicklungszyklus vom Ei zum Schmetterling. Das Lied von Stephen Janetzko ist ein Spaß für Groß und Klein und verbindet und verstärkt diese Themen durch Mitbewegen (Finger, Hand) sowie die einprägsame Melodie und kann so den thematischen Einsatz spielerisch erweitern.

Spielanregung:
Wir stehen/sitzen im Kreis. Ein Kind darf in die Mitte kommen und die Raupe spielen.
Das Lied ist besonders schön, wenn wir es durch folgende Bewegungen begleiten:

Refrain:
-> Kleine Raupe Nimmersatt: Wir halten eine Hand als Faust in Brusthöhe vor den Körper (Handaußenfläche oben), nur der Zeigefinger ist ausgestreckt und wird mehrmals an die Hand gezogen und wieder ausgestreckt. Dabei bewegen wir die Hand in Richtung Zeigefingerspitze, um die Bewegung der Raupe zu symbolisieren.
-> frisst sich durch ein grünes Blatt: Mit Zeigefinger und Mittelfinger machen wir eine Scherenbewegung, um das Fressen anzudeuten (oder mit der ganzen Hand eine Art "Pac-Man" machen).
Außerdem darf mitgeschmatzt werden.
-> ist geschlüpft aus einem Ei: Daumen und Zeigefinger formen ein Ei. Das Handgelenk leicht bewegen, als würde das Ei wackeln (oder alternativ beide Hände gekreuzt und leicht gebogen übereinander halten, als würde sich darin ein zerbrechliches Ei befinden).
-> Raupe, komm herbei!: Wir halten eine Hand ausgestreckt Richtung Kreismitte in Brusthöhe vor den Körper (Handinnenfläche oben) und winken die Raupe entweder nur mit dem Zeigefinger (dann bleiben die anderen Finger angezogen) oder mit vier Fingern (außer Daumen) herbei.

Strophen:
-> Doch am Montag, Montag, Montag: mit dem Kopf nach links und rechts wippen
-> weil sie großen Hunger hat: den Bauch reiben (Statt "weil sie großen Hunger hat" können wir auch singen "weil sie mächtig Hunger hat" oder "weil sie Riesen-Hunger hat".)
-> frisst sie sich durch einen Apfel: fressen (wie beim Refrain beschrieben); größere Kinder können hier auch die Zahlen mit den Fingern einer Hand zeigen
-> und ist immer noch nicht satt: Kopf schütteln
-> und am Abend ist ihr schlecht: Hände auf den Bauch halten, Gesicht zusammenziehen und stöhnen (die Kinder lieben diese Stelle besonders, wenn sie sich imaginär übergeben dürfen)
-> ist ihr gar nicht gut zumut´: Hände auf den Bauch halten, Gesicht zusammenziehen und stöhnen
-> Endlich geht's ihr wieder gut: Arme jubelnd nach oben strecken und lachen
-> bleibt sie dann in dem Kokon: Arme um den Körper und zusammenrollen
-> Endlich frisst sie sich nach draußen: Arme weit öffnen und nach oben schauen
-> fliegt als Schmetterling davon: mit weit gestreckten Armen davon fliegen

Mein Name ist Alexander
(Lied von den Namen)

Text und Musik: Stephen Janetzko; CD "Seeräuber Wackelzahn"
© Edition SEEBÄR-Musik Stephen Janetzko, www.kinderliederhits.de

Mein Name ist A - le - xan - der. (Dein Name ist A - le - xan - der.)

Ja, ich bin der A - le - xan - der. (Ja, du bist der A - le - xan - der.)

Mein Name ist A - le - xan - der - und wer bist du?

1. Mein Name ist Alexander...
2. Mein Name ist Jil...
3. Mein Name ist Freya...
4. Mein Name ist Sven...
5. Mein Name ist Elisabeth...

Prinzip:

Mein Name ist ...x...x..... (- dein Name ist ...x...x...)
Mein Name ist ...x...x..... (- dein Name ist ...x...x...)
Ja, ich bin der/die ..x..x. (- Ja, du bist der/die ..x..x.)
Mein Name ist ...x...x..... - und wer bist du?

Spielanregung:
Bei jedem Durchgang stellt sich eine Person vor, die anderen singen den Text in den Klammern.
Das "x" steht hier für die Namenssilben, notiert für zweisilbige Namen wie David, Leon, Gabi, Anna etc. (bei mehr oder weniger Silben passen wir die Melodie leicht an).
Bei "und wer bist du?" zeigt die singende Person auf jemanden, der/die sich noch nicht vorgestellt hat.
Das Lied wird so lange durchgesungen, bis alle sich vorgestellt haben.

Heut gehn wir raus (Das Becherlupen-Lied)

Text: Heidemarie Brosche; Musik: Stephen Janetzko; CD "Stark wie ein Baum"
© Edition SEEBÄR-Musik Stephen Janetzko, www.kinderliederhits.de

Tempo: ca. 120

1. Ach, wie schön, heut gehn wir raus, du, ich freu mich rie-sig drauf!
   Es-sen, Trin-ken, Mal-pa-pier, al-les steckt im Ruck-sack hier.
   Will sie ganz ge-nau be-trach-ten, werd be-hut-sam auf sie ach-ten.
   Ach, wie schön, heut gehn wir raus!

   Halt, die Be-cher-lu-pe auch, weil ich die ganz drin-gend brauch!
   Klei-ne Tie-re will ich sehn, gut soll's ih-nen bei mir gehn.
   La-la la-la la la la.

   (Kinder schultern Rucksack/marschieren)

2. Schau mal, dieser Regenwurm gräbt bei Wärme und bei Sturm. Nur bei Regen kommt er raus, Wasser läuft ja in sein Haus. Wenn es heiß und trocken ist, wird er von uns sehr vermisst. Dann hält er den Sommerschlaf in der kühlen Erde brav. Nein, er ist kein Stubenhocker, macht ja meist die Erde locker. Schau mal, dieser Regenwurm! La-la la-la la la la.
   (Kinder stellen sich schlafend/graben)

3. Der Marienkäfer dort fliegt rot-schwarz von Ort zu Ort. Sieht er auch sehr niedlich aus, frisst er doch gern eine Laus. Mit sechs Krallenbeinen dran, kommt er äußerst flott voran. Scheint er von Gefahr bedroht, tut er so, als wär er tot. Bleibt nicht lange scheintot liegen, will ja wieder weiterfliegen. Der Marienkäfer dort! La-la la-la la la la.
   (Kinder fliegen/stellen sich scheintot)

4. Zähl vom Tausendfüßler da mal die Beine, dann wird klar: Sind nur ein paar hundert Stück. Dennoch fehlt ihm nichts zum Glück. Droht ein Feind, rollt er sich ein oder krabbelt untern Stein. Manchmal spritzt er auch mit Gift, hofft, dass er den Gegner trifft. Hält die Fühler immer sauber und beherrscht den Humus-Zauber. Dieser Tausendfüßler da! La-la la-la la la la.
   (Kinder rollen sich ein)

5. Guck mal, diese Raupe hier ist ein ganz verfressnes Tier, schmatzt und mampft den ganzen Tag, weil sie Blätter ganz arg mag. Bald schon wird's ein andres Ding, fliegt dann als ein Schmetterling. Schlüpft aus einer Puppe raus. Dann ist's mit der Raupe aus. Darf auf keinen Fall vergessen, sich jetzt tüchtig satt zu fressen. Guck mal, diese Raupe hier! La-la la-la la la la.
   (Kinder "fressen"/fliegen)

6. Diese Schnecke mit dem Haus steckt ihr Köpfchen mutig raus. Plötzlich aber ist es weg. Hat die Schnecke sich erschreckt? Beine sieht man nicht am Tier, einen Kriechfuß hat's dafür. Was die Schnecke ganz arg mag: Wenn es feucht ist Nacht und Tag. Grünzeug sollt's auch immer geben. Vorsicht, bleib am Schleim nicht kleben! Diese Schnecke mit dem Haus! La-la la-la la la la.
   (Kinder kriechen/tun so, als trügen sie ihr Haus)

7. Schau dir diese Spinne an, was die alles weben kann! Ja, ein solches Netzgeflecht ist zum Beutemachen recht. Männchen lockt mit Silbergarn, Weibchen legt die Eier dann. Gerne bleibt sie auch allein, denn sie will in Ruhe sein. Kriegt sie lange nichts zu beißen, wartet sie ganz ruhig auf Speisen. Schau dir diese Spinne an! La-la la-la la la la.
   (Kinder weben)

8. Diese Kellerassel hier ist ein echtes Krebsgetier - Kiemen hat sie wie ein Fisch. Faules gibt's bei ihr zu Tisch. Dunkel-feucht liebt sie es sehr, trocken mag sie's nimmermehr. Schau, im kleinen Beutel dort trägt sie ihre Kinder fort, bis die Kleinen selber laufen und durch ihre Kiemen schnaufen. Diese Kellerassel hier! La-la la-la la la la.
   (Kinder "tragen" Asselkinder im Beutel)

Benny Banane

Text: Brigitte Rondholz; Musik: Stephen Janetzko; CD "Früchte, Früchte, Früchte"
© Edition SEEBÄR-Musik Stephen Janetzko, www.kinderliederhits.de

Tempo: ca. 120

Refrain: Benny Banane, Benny Banane, der kommt von ganz weit her.
Benny Banane, Benny Banane, fährt übers große Meer.
Benny Banane, Benny Banane, ist so grün und noch ganz klein.
Benny Banane, Benny Banane, der wird gelb von ganz allein.

1. Er ist noch ziemlich jung an Jahren, noch nicht einmal ein ganzes Jahr.
doch ist er schon so weit gefahren, er kommt aus Südamerika.

Refrain: Benny Banane...

2. Ja, es gibt Große und auch Kleine, (Benny Banane)
in ihnen steckt viel Gutes drin. (Benny Banane)
Sie machen diese lange Reise, (Benny Banane)
die großen und der Benjamin.

Refrain: Benny Banane...

3. Benny hat auch noch viele Brüder, (Benny Banane)
auch die sind anfangs alle grün, (Benny Banane)
er singt mit ihnen frohe Lieder, (Benny Banane)
sie sehn das Meer vorüberziehn.

Refrain: Benny Banane...

4. Wird er vom großen Schiff entladen, (Benny Banane)
dann ist so vieles schon geschehn. (Benny Banane)
Er freut sich schon auf seinen Laden, (Benny Banane)
wo alle Menschen ihn gern sehn!

Refrain: Benny Banane...

Kleine süße Elfe (Das Elfenlied)
- Elfen, Feen und Zwerge -

Text: Ralf Göpfert; Musik: Stephen Janetzko; CD "Seeräuber Wackelzahn"
© Edition SEEBÄR-Musik Stephen Janetzko, www.kinderliederhits.de

2. Und morgens, wenn der Tau noch frisch, sieht man sie schon tanzen
auf dem grünen Wiesentisch zwischen all den Pflanzen.
Jedes Kind, das kann sie sehn, und nicht nur im Träume,
wenn sie tanzen wunderschön im Reigen um den Baume.

Refrain: Elfen, Feen und Zwerge...

3. So lieblich seid ihr anzuschaun in eurem weißen Kleid.
Ich hab euch lieb und im Vertraun: Ich weiß, wo ihr zu finden seid.
Und wenn ich dann erwachsen bin, das kann ich euch versprechen,
schau ich noch viel genauer hin, um euch schnell zu entdecken.

Refrain: Elfen, Feen und Zwerge...

Stark wie ein Baum

Text und Musik: Stephen Janetzko; CD "Stark wie ein Baum"
© Edition SEEBÄR-Musik Stephen Janetzko, www.kinderliederhits.de

(Füße anheben und zeigen oder mit Händen berühren)
Refrain: Stark wie ein Baum...

2. Hab ich einen dicken Stamm, bin ich stark, bin ich stark...
(Beine mit Händen berühren oder abklatschen)

3. Weil ich viele Ringe hab, bin ich stark, bin ich stark...
(Bauch kreisen lassen)

4. Weil ich viele Äste hab, bin ich stark, bin ich stark...
(Arme seitlich anheben und zeigen)

5. Weil ich viele Zweige hab, bin ich stark, bin ich stark...
(Finger anheben und zeigen)

6. Weil ich viele Blätter hab, bin ich stark, bin ich stark...
(Finger einzeln bewegen, als würde ein Blatt daran hängen)

7. Weil ich eine Krone hab, bin ich stark, bin ich stark...
(Kopf hin und her bewegen)

8. Wenn mich jemand richtig mag, bin ich stark, bin ich stark...
(uns selbst umarmen)

Weiter möglich:

9. Weil ich viele Früchte trag, bin ich stark, bin ich stark...
(mit beiden Händen runde Früchte formen)

Variante 4 Jahreszeiten-Strophen:

10. Treibt der Frühling Knospen zart, bin ich stark, bin ich stark...
(Hand schließen und öffnen)

11. Weil ich Sommersonne mag, bin ich stark, bin ich stark...
(wohlig zur Sonne schauen)

12. Bläst im Herbst der Wind so arg, bin ich stark, bin ich stark... (pusten)

13. Ist der Winter kalt und hart, bin ich stark, bin ich stark... (frieren imitieren)

Variante "Baum-Alltag"-Strophen:

14. Tank ich Sonne jeden Tag, bin ich stark, bin ich stark... (wohlig zur Sonne schauen)

15. Trink ich Wasser jeden Tag, bin ich stark, bin ich stark... (trinken)

16. Bläst der Wind, wie ich es mag, bin ich stark, bin ich stark... (pusten)

17. Kommt ein Vogel jeden Tag, bin ich stark, bin ich stark... (fliegen)

Spielanregung:
"Stark wie ein Baum" ist ein Spiel- und Lernlied zum aktiven Mitmachen. Die verschiedenen Baumteile imitieren wir mit den entsprechenden Körperteilen wie angegeben.
Die Hauptbewegungen sind:
-> *Stark wie ein Baum will ich sein:* Beide Arme hoch in den Himmel heben und wie im Wind leicht hin und her schwanken (ganzen Refrain).
-> *bin ich stark, bin ich stark:* Mit der linken oder rechten Faust 4x (halbtaktig) auf das Herz schlagen. Je nach Einsatz können auch die anderen Textvarianten zum Einsatz kommen oder die Strophen individuell zusammengestellt werden.

Hey, hört mal zu!

Text: K. Bucher; Musik: Stephen Janetzko; CD"Fußball-Lieder für Kinder"
© Edition SEEBÄR-Musik Stephen Janetzko, www.kinderliederhits.de

Tempo: ca. 220

1. Hey, hört mal zu! Ja, du und du! Hallo, singt alle mit, dann wird das Lied ein Hit!

Refrain: La, la la, la; la, la la, la la, la. La, la la, la, la la, la la, la, la.

2. Hey, hört mal zu! Ja, du und du!
   Hallo, klatscht alle mit,
   dann wird das Lied ein Hit!

Refrain: Klatsch, klatsch, klatsch, klatsch...
La, la la, la; la, la la, la la, la. La, la la, la, la la, la la, la, la.

3. Hey, hört mal zu! Ja, du und du!
   Hallo, summt alle mit,
   dann wird das Lied ein Hit!

Refrain: Summ, summ, summ, summ...
La, la la, la; la, la la, la la, la. La, la la, la, la la, la la, la, la.

4. Hey, hört mal zu! Ja, du und du!
   Hallo, stampft alle mit,
   dann wird das Lied ein Hit!

Refrain: Stampf, stampf, stampf, stampf...
La, la la, la; la, la la, la la, la. La, la la, la, la la, la la, la, la.

Spielanregung:
Immer die vorhergehenden Geräusche im Refrain wiederholen,
bis wir wieder beim "la, la..." sind.
Natürlich können auch mehrere Geräusche gleichzeitig
durchgeführt werden.
Weitere Ideen für die Strophen zum Mitmachen:
schnippen, brummen, pfeifen, klopfen, lachen etc.

Der Seebär

Text und Musik: Stephen Janetzko; CD "Piraten-Lieder für Kinder"
© Edition SEEBÄR-Musik Stephen Janetzko; www.kinderliederhits.de

2. Ich lieb die Wellen, das wogende Meer, he-ja-o.
   Abschied zu nehmen, das fällt mir nicht schwer, he-ja-o.
   Ich fahr solange, wie`s mir grad´ gefällt, he-ja-o.
   Segelst du mit mir, segelst du mit mir,
   Segelst du mit um die Welt.
Refrain: Ich bin der Seebär...

3. Fahr ich auf hoher See mit dir allein, he-ja-o.
   Halt dich gut fest, denn mein Schiff ist sehr klein, he-ja-o.
   Doch pfeift der Wind mir so recht in mein Ohr, he-ja-o.
   Dann sing ich dir was, dann sing ich dir was,
   Dann sing ich dir etwas vor.
Refrain: Ich bin der Seebär...

Hi-Ha-Halloween

Text: K. Bucher; Musik: Stephen Janetzko; CD "Herbst, Halloween & Laterne"
© Edition SEEBÄR-Musik Stephen Janetzko, www.kinderliederhits.de
Tempo: ca. 200

1. Abends, wenn es dunkel ist, hui-hu-hu, und du längst zuhause bist, hui-hu-hu.
geht ein Raunen durch die Nacht, hui-hu-hu, tausend Geister sind erwacht, hui-hu-hu.

Refrain: Hi-Ha-Hi-Ha-Halloween, Hi-Ha-Hi-Ha-Halloween, Hi-Ha-Hi-Ha-Halloween, Hui! Die Geister ziehn!
Hi-Ha-Hi-Ha-Halloween, Hi-Ha-Hi-Ha-Halloween, Hi-Ha-Hi-Ha-Halloween, Hui! Die Geister fliehn!

(gerufen:) Pech und Schwefel, Funkenflug! Hi-ha-hu, das ist ein Spuk!
Rabenschwarze Geisternacht! Hi-ha-hu, es zischt und kracht!

2. Um das Haus schleicht ein Gespenst, hui-hu-hu!
Schaut mal, wie es höhnisch grinst, hui-hu-hu!
Vielleicht hat es uns gesehn, hui-hu-hu,
weil wir hier am Fester stehn, hui-hu-hu!

Refrain: Hi-Ha-Hi-Ha-Halloween...

3. Huch, da hüpft ein Rübengeist, hui-hu-hu,
Ich glaub, dass der kratzt und beißt, hui-hu-hu!
Hört nur, wie das Scheusal faucht, hui-hu-hu,
wenn sein Kopf gar schaurig raucht, hui-hu-hu!

4. Oh, Herr jeh! Was ist denn das! Hui-hu-hu!
Wer kriecht aus dem alten Fass? Hui-hu-hu!
Ist es der Klabautermann, hui-hu-hu,
der so gräuslich klappern kann? Hui-hu-hu!

5. Poltergeister, ganz in weiß, hui-hu-hu,
tanzen, rums-di-bums, im Kreis, hui-hu-hu!
Mit den Fackeln in der Hand, hui-hu-hu,
spuken sie im Nachtgewand, hui-hu-hu!

Refrain: Hi-Ha-Hi-Ha-Halloween...

6. Jetzt erscheint der Kürbisgeist, hui-hu-hu,
dieser ist besonders dreist, hui-hu-hu!
Er klopft laut an unsre Tür, hui-hu-hu,
und stampft wie ein Trampeltier, hui-hu-hu!

Refrain: Hi-Ha-Hi-Ha-Halloween...

7. Weil heut Nacht der Vollmond glänzt, hui-hu-hu,
wimmert laut das Schlossgespenst, hui-hu-hu!
Es hat nur noch einen Zahn, hui-hu-hu,
und fährt so gern Geisterbahn, hui-hu-hu!

8. Geister mit Melonenkopf, hui-hu-hu,
trommeln auf `nem alten Topf, hui-hu-hu!
Seht, wie ihre Augen glühn, hui-hu-hu,
wenn sie durch die Gassen ziehn, hui-hu-hu!

Refrain: Hi-Ha-Hi-Ha-Halloween...

9. Glockenschlag, um Mitternacht, hui-hu-hu,
ist der letzte Geist erwacht, hui-hu-hu!
Er ist uralt, wie man sieht, hui-hu-hu,
und singt ein Gespensterlied, hui-hu-hu!

10. Alle Geister tanzen wild, hui-hu-hu!
Schrecklich, wie die Bande brüllt, hui-hu-hu!
So dröhnt es die ganze Nacht, hui-hu-hu,
bis der neue Tag erwacht, hui-hu-hu!

Refrain: Hi-Ha-Hi-Ha-Halloween...

Spielanregung:
Ein Lied für diesen speziellen Tag oder eben
für die Zeit, wenn Kinder mit Rüben-, Kürbis-
und Melonengeistern durch die Straßen ziehn.
Das Lied lässt sich szenisch darstellen und bietet
zum Mitsingen und -machen oder für einen
Halloween-Tanz genügend Platz.
Der Zwischenteil wird von allen laut gerufen.

Brenn, Laterne

*Text und Musik: Stephen Janetzko; CD "Ein bisschen so wie Martin",
ISBN 978-3-941923-92-8; © Edition SEEBÄR-Musik Stephen Janetzko, www.kinderliederhits.de*

Refrain: Brenn, Laterne, brenn, mein Licht. Leuchte, leuchte, nur für mich, hell so wie ein Stern.
Brenn, Laterne, brenn, mein Licht. Leuchte, leuchte, nur für mich, das mag ich so gern.

1. Heute ist Sankt Martins Tag, Laternenlaufen, das ist stark. Komm und mach doch mit!

Refrain.

2. Durch die Straßen, durch die Stadt.
Wir laufen uns die Füße platt
Welch ein Heidenspaß!

Refrain.

3. Tausend Lichter überall,
die brennen auf dem Martinsball.
So ein schöner Tag!

Refrain.

Stephen Janetzko

(Autor, Liedermacher und Verleger)

Mit einer 20-minütigen MC „Der Seebär" fing alles an, heute sind es weit über 600 Kinderlieder, die der gebürtige Hagener Liedermacher bereits auf über 50 CDs und in zahllosen Liedsammlungen veröffentlicht hat. Viele davon, wie „Hallo und guten Morgen", „Wir wollen uns begrüßen", „Augen Ohren Nase", „Das Lied von der Raupe Nimmersatt", „Hand in Hand" oder „In meiner Bi-Ba-Badewanne", werden heute gesungen in Kindergärten, Schulen und überall, wo Kinder sind.

**... mehr Info, mehr CDs, mehr Lieder & Noten:
www.kinderliederhits.de**

Der Bauer auf dem Traktor

Text: Michaela Kölln/Stephen Janetzko; Musik: Stephen Janetzko; CD "Stark wie ein Baum"
© Edition SEEBÄR-Musik Stephen Janetzko, www.kinderliederhits.de

1. Der Bauer auf dem Traktor, der tuckert raus zum Feld: Tuk-tuk-tuk-tuk, tuk-tuk-tuk-tuk, tuk-tuk-tuk-tuk, tuk-tuk-tuk-tuk. Er sät mit frohem Herzen Getreidekörner aus, er sät mit frohem Herzen Getreidekörner aus. Sei dabei, didel-dum, didel-dei, sei dabei, didel-dum, didel-dei. Er sät mit frohem Herzen Getreidekörner aus.

2. |: Der Bauer auf dem Traktor, der tuckert raus zum Feld: :| Tuk-tuk-tuk-tuk...
|: Er wirft am frühen Morgen den Stallmist auf das Feld. :| Sei dabei...
Er wirft am frühen Morgen den Stallmist auf das Feld.

3. |: Der Bauer auf dem Traktor, der tuckert raus zum Feld: :| Tuk-tuk-tuk-tuk...
|: Er mäht mit guter Laune das Gras ganz kurz und klein:| Sei dabei...
Er mäht mit guter Laune das Gras ganz kurz und klein.

4. |: Der Bauer auf dem Traktor, der tuckert raus zum Feld: :| Tuk-tuk-tuk-tuk...
|: Er presst mit der Maschine das Heu und lädt es auf. :| Sei dabei...
Er presst mit der Maschine das Heu und lädt es auf.

5. |: Der Bauer auf dem Traktor, der tuckert raus zum Feld: :| Tuk-tuk-tuk-tuk...
|: Er erntet bis zum Abend Kartoffeln aus dem Feld. :| Sei dabei...
Er erntet bis zum Abend Kartoffeln aus dem Feld.

6. |: Der Bauer auf dem Traktor, der tuckert raus zum Feld: :| Tuk-tuk-tuk-tuk...
|: Und ist die Arbeit fertig, dann fällt er müd' ins Bett. :|
Gute Nacht, dideldum, dideldei, gute Nacht, dideldum, dideldei.
Und ist die Arbeit fertig, dann fällt er müd' ins Bett.

Spielanregung: Wir stehen oder sitzen im Kreis. Ein Kind spielt den Bauern.
Zur 1. Zeile der Strophe klatschen alle mit, während der Bauer durch den Kreis fährt. Beim "Tuk-tuk..." können dann alle das Traktorfahren mimen (aufrecht sitzend mit einem imaginären Lenkrad in der Hand). Zur 3. Zeile macht der Bauer die jeweiligen Bewegungen: Säen, mit der Stallgabel arbeiten, mit der Sense mähen, Heu imaginär mit den Händen zusammenpressen und auf den Wagen laden, Kartoffeln aus der Erde holen, sich hinlegen. Bei "Sei dabei..." drehen sich alle im Kreis und klatschen dazu (oder nehmen sich an die Hände und tanzen im Kreise).
Zur letzten Zeile machen dann alle die Bewegung noch mal gemeinsam (hier kann dann statt "er..." auch "wir..." gesungen werden).

www.ingramcontent.com/pod-product-compliance
Lightning Source LLC
Chambersburg PA
CBHW081503040426
42446CB00016B/3381